LA COMPTABILITÉ

DES FABRIQUES

COMMENTAIRE

DU

Décret du 27 Mars 1893

PAR

M. O. de la Haye, Avocat.

AVRANCHES

IMPRIMERIE TYPOGRAPHIQUE DE ALFRED PERRIN.

1894

LA COMPTABILITÉ

DES

FABRIQUES

LA COMPTABILITÉ DES FABRIQUES

Commentaire du Décret du 27 Mars 1893.

§ 1ᵉʳ. — TEXTE DU DÉCRET

Le Président de la République française,

Sur le rapport du ministre de l'Instruction publique, des Beaux-Arts et des Cultes ;

Vu l'article 78 de la loi du 26 janvier 1892, ainsi conçu : « A partir du 1ᵉʳ janvier 1893, les comptes et budgets des fabriques et consistoires seront soumis à toutes les règles de de la comptabilité des autres établissements publics. Un règlement d'administration publique déterminera les conditions d'application de cette mesure » ;

Vu le décret du 30 décembre 1809 et l'ordonnance du 12 janvier 1825 ;

Vu le décret du 23 prairial an XII et le décret du 18 mai 1806 (art. 8) ;

Vu la loi municipale du 5 avril 1884, en particulier les articles 70, 136, 164 et 168, n° 5, et, en ce qui concerne la la ville de Paris, les lois des 18 juillet 1837 et 24 juillet 1867, maintenues en vigueur par la loi du 2 avril 1884 ;

Vu le décret du 31 mai 1862, portant règlement général sur la comptabilité publique ;

Le conseil d'État entendu,

Décrète :

CHAPITRE PREMIER
Des comptables de fabriques paroissiales.

ARTICLE 1ᵉʳ. — Les comptables des deniers de fabriques sont soumis aux mêmes obligations que les comptables des deniers des hospices et bureaux de bienfaisance. Les dispositions des lois, décrets et ordonnances concernant les obligations de ces receveurs et les responsabilités qui s'y rattachent, en particulier celles de l'arrêté consulaire du 19 vendémiaire an XII, relatives au recouvrement des revenus et à la conservation des droits, sont applicables aux comptables des fabriques, sous la réserve des modifications résultant du présent décret.

ART. 2. — Le comptable de la fabrique est chargé seul et sous sa responsabilité de faire toutes diligences pour assurer la rentrée des sommes dues à cet établissement, ainsi que d'acquitter les dépenses mandatées par le président du bureau des marguilliers, jusqu'à concurrence des crédits régulièrement ouverts.

ART. 3. — Toutefois, les oblations et les droits perçus à l'occasion des cérémonies du culte, conformément aux tarifs légalement approuvés, peuvent être reçus par le curé ou desservant, ou par l'ecclésiastique par lui délégué, moyennant la délivrance aux parties d'une quittance détachée d'un registre à souches, et à la charge d'un versement au comptable de la fabrique tous les mois, et plus fréquemment s'il en est ainsi décidé par l'évêque.

Ce versement est effectué, tant en deniers qu'en quittances, d'après la répartition prévue auxdits tarifs, et constaté au moyen d'un état dressé par le curé ou desservant et approuvé par le président du bureau des marguilliers.

Le produit des quêtes faites au profit de la fabrique est,

quand il n'est pas versé dans un tronc spécial, encaissé au moins une fois par mois par le comptable de la fabrique. Il est produit au comptable, à l'appui de ces encaissements, des états constatant, immédiatement après chaque quête, la reconnaissance des fonds et revêtus de la signature des quêteurs; ces états sont certifiés sincères et véritables par le président du bureau des marguilliers.

Le produit de la location des bancs et des chaises, lorsqu'elle n'est pas affermée, est encaissée par le comptable de la fabrique sur le vu d'états certifiés par le président du bureau.

Art. 4. — Lorsque les fonctions de comptable de la fabrique sont remplies par un receveur spécial ou par un percepteur, le marguillier-trésorier peut être chargé, à titre de régisseur et à charge de rapporter dans le mois au comptable de la fabrique les acquits des créanciers réels et les pièces justificatives, de payer, au moyen d'avances mises à sa disposition, sur mandats du président du bureau, les menues dépenses de la célébration du culte. La quotité de ces avances et la liste des menues dépenses seront arrêtées par les règlements prévus à l'article 29 ci-après. Dans ce cas, le marguillier-trésorier peut également être chargé, comme intermédiaire, de payer sur émargements les traitements et salaires des vicaires, prêtres attachés, officiers et serviteurs de l'Église.

Art. 5. — Les fonctions de comptable de fabrique sont remplies par les trésoriers de ces établissements, tels qu'ils sont institués par le décret du 30 décembre 1809.

En cas de refus du trésorier, elles peuvent être confiées par le conseil de fabrique à une personne désignée en dehors du conseil et qui prend le titre de receveur spécial de la fabrique. Le même receveur spécial ne peut gérer les services de fabriques appartenant à des cantons différents.

A défaut du trésorier et d'un receveur spécial, les fonctions de comptable de la fabrique sont remplies par le percepteur de la région dans laquelle est située l'église paroissiale, et, dans les villes divisées en plusieurs arrondissements de perception, par le percepteur désigné par le ministre des finances.

Dans tous les cas, les comptables des fabriques sont soumis aux vérifications de l'inspection générale des finances.

Art. 6. — Lorsque les fonctions de comptable de fabrique sont confiées à un receveur spécial, ou à un percepteur, le trésorier de la fabrique cesse d'être soumis aux obligations dont le comptable demeure exclusivement chargé, mais il conserve toutes les autres attributions qui sont dévolues au marguillier-trésorier par le décret de 1809.

La gestion du comptable de fabrique est placée sous la surveillance et la responsabilité du receveur des finances de l'arrondissement, quand les fonctions de comptable sont remplies par un percepteur.

Art. 7. — Les conseils de fabrique peuvent toujours décider que la gestion de leurs deniers, qui se trouverait confiée à un percepteur, sera remise à un receveur spécial. Ils peuvent de même décider que la gestion qui serait confiée à un receveur spécial ou à un percepteur sera remise au marguillier-trésorier. Les délibérations qu'ils peuvent prendre dans ces deux cas ne sont exécutoires qu'en fin d'année ou de gestion.

Les trésoriers et receveurs spéciaux, qui seraient régulièrement constitués en déficit ou déclarés en état de faillite ou de liquidation judiciaire, peuvent être relevés de leurs fonctions de comptables par le conseil de fabrique ou, à défaut, par le ministre des Cultes. Ils peuvent l'être par le ministre des Cultes pour l'une des causes ci-après : 1° condamnation à une peine afflictive et infamante ; 2° condamnation à une peine correctionnelle pour délits prévus par les articles 379 à 409 du Code pénal ; 3° condamnation à une peine correctionnelle d'emprisonnement, et 4°, s'il s'agit d'officiers publics ou ministériels, destitution par jugement ou révocation par mesure disciplinaire.

Art. 8. — L'article 18 du décret du 31 mai 1862, relatif à l'incompatibilité des fonctions de comptable avec l'exercice d'une profession, d'un commerce ou d'une industrie quelconque, n'est pas applicable aux trésoriers et aux receveurs spéciaux de fabriques.

Art. 9. — Lorsque le trésorier de la fabrique n'est pas chargé des fonctions de comptable et lorsque la fabrique n'a pas désigné un receveur spécial, le préfet assure, de concert avec le trésorier-payeur-général, la remise du service au percepteur des contributions directes.

Pour l'exécution de cette disposition, le préfet reçoit de l'évêque, avant le 1er octobre de chaque année, l'état nominatif des trésoriers-receveurs et des receveurs spéciaux appelés à assurer la gestion des deniers des fabriques pendant l'année suivante. Il fait appel au concours des percepteurs pour toutes les fabriques non portées sur cet état.

Art. 10. — Lorsque les fonctions de comptable de fabrique sont remplies par un percepteur, les titres de recettes, les budgets, chapitres additionnels et autorisations spéciales de dépenses lui sont transmis par l'intermédiaire de l'évêque, du préfet et du receveur des finances.

Art. 11. — Lorsque les fonctions de comptable de la fabrique sont remplies par un receveur spécial ou par un percepteur, tous les fonds et valeurs de la fabrique lui sont remis, sans qu'il y ait lieu à l'application des articles 50 et 51 du décret du 30 décembre 1809.

Art. 12. — Le comptable de la fabrique assiste à toutes les levées de troncs, sans exception, et il en est dressé procès-verbal par les marguilliers.

Quand les fonctions de comptable sont remplies par un

percepteur résidant hors de la paroisse, les levées de troncs n'ont lieu que les jours de tournées de recettes de ce comptable.

Quand les fonctions de comptable sont remplies par un percepteur ou par un receveur spécial, les troncs sont fermés par deux serrures ; l'une des clefs demeure entre les mains du président du bureau, l'autre entre les mains du comptable. Lorsque ces fonctions sont remplies par le trésorier-marguillier, il n'est pas dérogé aux dispositions de l'article 51 du décret du 30 décembre 1809.

Art. 13. — La situation du 31 décembre et en fin de gestion de valeurs de caisse et de portefeuille des comptables des fabriques, lorsque ces fonctions ne sont pas exercées par un percepteur, est constatée par procès-verbal du bureau des marguilliers.

Le bureau des marguilliers peut, à toute époque, vérifier la situation de caisse et de portefeuille du trésorier et du receveur spécial, sans préjudice du droit que tient l'évêque, au regard du marguillier-trésorier, de l'article 87 du décret du 30 décembre 1809.

Art. 14. — Lorsque les fonctions de comptable de fabrique sont remplies par un percepteur, cet agent a droit à des remises calculées d'après les recettes ordinaires et extraordinaires réalisées pendant l'exercice, et sur les bases suivantes :

Sur les premiers 5,000 fr. à raison de........ 4 » %
Sur les 25,000 fr. suivants.................. 3 » %
Sur les 70,000 fr. suivants.................. 1,50 %
Sur les 100,000 fr. suivants jusqu'à 1 million.. 0,66 %
Au-delà de 1 million .... 0,24 %

Les remises ainsi calculées sont prélevées par le percepteur au vu de décomptes dressés par lui, certifiés exacts par le receveur des finances et mandatés par l'ordonnateur.

Lorsque les fonctions de comptable sont confiées à un receveur spécial, les allocations que peut lui accorder le conseil de fabrique ne sauraient être supérieures à celles auxquelles aurait droit un percepteur.

En cas de refus de mandatement des remises ou allocations prévues au présent article, il est statué par décision exécutoire du ministre des Cultes.

Art. 15. — Les trésoriers-marguilliers ne sont pas astreints au versement d'un cautionnement.

Les receveurs spéciaux et les percepteurs-receveurs sont astreints à fournir des cautionnements en numéraire ou en rentes sur l'Etat, fixés à trois fois le montant des émoluments prévus pour les percepteurs par l'article précédent. Le cautionnement du receveur spécial d'une fabrique ne ne peut être inférieur à 100 fr.

Lorsqu'un percepteur remplit les fonctions de comptable pour une ou plusieurs fabriques, il n'est astreint, à ce titre, à un supplément de cautionnement que si ce supplément, calculé conformément aux dispositions du précédent paragraphe, dépasse 1,000 fr. Dans tous les cas, le cautionnement qu'un percepteur a versé au Trésor en qualité de comptable des deniers de l'Etat, des communes et des établissements de bienfaisance, répond subsidiairement de sa gestion des deniers de fabriques.

Art. 16. — Les trésoriers-marguilliers des fabriques remplissant les fonctions de comptables et les receveurs spéciaux de ces établissements prêtent, devant les conseils de fabrique, le serment professionnel des comptables publics.

Les percepteurs ne prêtent point de serment spécial lorsqu'ils sont appelés à remplir les fonctions de comptables de fabriques.

Art. 17. — L'hypothèque légale n'est inscrite sur les biens des comptables de deniers des fabriques que si cette inscription est autorisée par une décision spéciale du juge de leurs comptes, et seulement dans les cas de gestions occultes, condamnations à l'amende pour retards dans la présentation des comptes, malversations, débets avoués ou résultant du jugement des comptes.

Cette hypothèque est inscrite, conformément aux dispositions des articles 2121 et 2122 du Code civil, sur tous les biens présents et à venir de ces comptables, et sous réserve du droit du juge des comptes de prononcer sur les demandes en réduction ou translation formées par ces justiciables.

CHAPITRE II

Des budgets et des comptes de fabriques paroissiales.

Art. 18. — Le budget des fabriques est divisé en budget ordinaire et budget extraordinaire. Ce dernier comprend la recette et l'emploi des capitaux provenant de dons et legs, d'emprunts, d'aliénations et de remboursements, de coupes extraordinaires de bois et de toutes autres ressources exceptionnelles.

Art. 19. — Le budget est voté à la session de Quasimodo, prévue par l'ordonnance du 12 janvier 1825 ; à la même session sont votés les chapitres additionnels correspondant à l'exercice en cours.

Art. 20. — La durée des périodes complémentaires de l'exercice s'étend jusqu'au 1er mars pour l'ordonnancement, et jusqu'au 15 mars pour le recouvrement et le paiement.

Art. 21. — Les fonds libres des fabriques sont versés, en comptes-courants, au Trésor public, et ils sont productifs d'intérêt dans les mêmes conditions que les fonds des établissements de bienfaisance.

Art. 22. — Les deniers des fabriques sont insaisissables et aucune opposition ne peut être pratiquée par leurs créanciers sur les sommes dues à ces établissements, sauf aux créanciers porteurs de titres exécutoires, à défaut de décision épiscopale de nature à leur assurer paiement, à se pourvoir devant le ministre des Cultes à fin d'inscription d'office. La décision du ministre des Cultes est communiquée à l'évêque qui règle le budget en conséquence de cette décision. Si l'évêque ne règle pas le budget dans le délai de deux mois à partir de cette communication, ou s'il ne tient pas compte de la décision du ministre, le budget est définitivement réglé par décret en Conseil d'État. En cas de refus d'ordonnancement, il est prononcé par le ministre des Cultes et l'arrêté ministériel tient lieu de mandat.

Art. 23. — Les oppositions sur les sommes dues par les fabriques sont pratiquées entre les mains du trésorier tel qu'il est institué par le décret de 1809, lequel vise l'original de l'exploit et déclare à cette occasion, sous sa responsabilité, s'il exerce effectivement les fonctions de comptable ou si elles sont confiées à un autre agent qu'il est tenu de désigner. Dans ce dernier cas, les oppositions sont signifiées à ce comptable par les soins des créanciers opposants.

Art. 24. — Les comptes des ordonnateurs et des comptables des fabriques sont présentés, avec la distinction des gestions et des exercices, dans la même forme que les comptes des établissements de bienfaisance.

Les opérations relatives aux oblations perçues en vertu de tarifs que prévoit le deuxième paragraphe de l'article 2 du présent décret sont décrites comme opérations hors budget. Il est fait recette au budget de la partie des oblations revenant à la fabrique.

Art. 25. — Le conseil de fabrique délibère dans sa session de Quasimodo et avant le vote du budget sur les comptes de l'ordonnateur et du comptable.

L'ordonnateur et le comptable, dans le cas où celui-ci fait

partie de la fabrique, se retirent au moment du vote de leurs comptes.

L'approbation par le conseil du compte de l'ordonnateur est accompagné de la décision dudit conseil, qu'il n'existe à sa connaissance aucune recette de la fabrique autre que celles mentionnées au compte.

Art. 26. — Les comptes des comptables des fabriques sont jugés et apurés par les conseils de préfecture ou par la Cour des comptes, selon les distinctions applicables aux comptes des établissements de bienfaisance.

En cas de retard dans la présentation des comptes, il peut être pourvu à leur reddition par l'institution de commis d'office nommés par le préfet, mais seulement après que le retard a donné lieu à condamnation à l'amende par le juge des comptes.

CHAPITRE III

Des comptables, budgets et comptes des fabriques métropolitaines et cathédrales.

Art. 27. — Les dispositions du présent décret sont applicables aux fabriques des églises métropolitaines et cathédrales.

Les comptes de ces fabriques sont jugés par la Cour des comptes, quel que soit le montant des revenus ordinaires.

CHAPITRE IV

Des comptables, budgets et comptes des syndicats pour le service des pompes funèbres.

Art. 28. — Les règles de comptabilité édictées par le présent décret sont applicables aux syndicats institués par décrets pour le service des pompes funèbres.

CHAPITRE V

Disposition diverses et transitoires.

Art. 29. — La forme des budgets et des comptes des fabriques et des syndicats pour le service des pompes funèbres, ainsi que la nomenclature des pièces à produire par les comptables et, en général, les mesures d'exécution du présent décret, seront déterminées par des règlements arrêtés de concert par les ministres des Cultes et des Finances.

Les nomenclatures des pièces justificatives actuellement en vigueur pour le service des établissements municipaux de bienfaisance seront provisoirement applicables à la comptabilité des fabriques et syndicats, jusqu'à la promulgation des règlements prévus au présent paragraphe.

Il sera statué, par une décision concertée des ministres des Cultes et des Finances, sur la fixation provisoire des cautionnements.

Art. 30. — Les dispositions du présent décret sont applicables aux budgets délibérés par les fabriques et syndicats en 1893 et aux comptes rendus pour l'exécution de ces budgets.

Art. 31. — Un décret spécial déterminera les conditions dans lesquelles le présent décret sera rendu applicable à l'Algérie.

Art. 32. — Sont et demeurent abrogées toutes les dispositions contraires à celles du présent décret.

Art. 33. — Le ministre des Cultes et le ministre des Finances sont chargés, chacun en ce qui le concerne, de l'exécution du présent décret, qui sera inséré au *Bulletin des lois* et publié au *Journal officiel*.

Fait à Paris, le 27 mars 1893.

CARNOT.

§ 2e.

Commentaire du décret du 27 mars 1893.

La nouvelle loi votée par les Chambres, le 26 janvier 1892, est venue modifier d'une façon complète la comptabilité des fabriques.

Elle décide en effet, dans son article 78, « qu'à partir du
» 1er janvier 1893, les comptes et budgets des fabriques et
» consistoires seront soumis à toutes les règles de la comp-
» tabilité des autres établissements publics ; un règlement
» d'administration publique, ajoute cet article, déterminera
» les conditions d'application de cette mesure. »

Ce ou plutôt ces règlements ont été arrêtés par le Conseil d'Etat à la date du 27 mars 1893.

Il est donc intéressant de les étudier attentivement et de voir quelles modifications ils apportent au décret du 30 décembre 1809, qui avait jusque-là régi l'administration des fabriques et qui, du reste, sauf les changements dont nous allons parler, demeure le texte fondamental de leur législation.

Ce qui ressort tout d'abord de cette loi, c'est l'obligation, pour les fabriques, de soumettre tous leurs comptes au contrôle de l'Etat.

Sous l'empire du décret du 30 décembre 1809, elles s'administraient seules, sous la surveillance exclusive de l'évêque du diocèse. L'évêque conserve bien encore aujourd'hui les pouvoirs, à lui conférés par l'article 47 dudit décret, d'arrêter les budgets dès qu'ils sont établis, mais ces budgets doivent être ensuite placés sous les yeux des conseils de préfecture et de la Cour des comptes.

Cette obligation du contrôle de l'Etat a forcément amené

dans l'administration des fabriques la création d'un élément nouveau ; nous avons nommé le *comptable*.

Examinons donc successivement :

1° Ce qu'il faut entendre par comptable et quel est son rôle ;

2° Quelles personnes peuvent en remplir les fonctions et par qui elles sont nommées ;

3° Quelles distinctions il faut établir, suivant les personnes chargées de cet emploi ;

4° Enfin, quelles sont les obligations auxquelles sont soumis les comptables.

Telle sera l'objet de la première partie de ce travail.

Nous nous occuperons dans une seconde partie de la forme du budget.

PREMIÈRE PARTIE

§ 1er. — *Qu'est-ce que le comptable ? En quoi consistent ses fonctions ?*

Le comptable, nous dit l'article 2 du décret du 27 mars 1893, est « celui qui est chargé de faire toutes diligences
» pour assurer la rentrée des sommes dues à la fabrique,
» ainsi que d'acquitter les dépenses mandatées par le prési-
» dent du bureau des marguilliers, jusqu'à concurrence des
» crédits régulièrement ouverts. »

Ainsi donc voilà le principe établi : c'est le comptable qui, désormais, encaissera les sommes à recouvrer et acquittera les dettes ; et l'article 2 ajoute que cette charge incombera A LUI SEUL et que toutes les opérations se feront *sous sa responsabilité*.

Et, disons-le de suite, il serait vraiment puéril que les trésoriers actuels de nos fabriques, dont la loyauté et l'honorabilité sont connues, se laissent effrayer un seul instant par ce grand mot de *responsabilité*. Qu'ils mettent dans la gestion de leurs comptes la régularité qu'ils ont apportée jusqu'à ce jour et ils n'auront rien à redouter de cette responsabilité, que l'on a cherché à faire peser sur eux dans le seul but de les intimider et de les obliger à abandonner l'emploi de comptable à un agent du fisc.

Nous verrons plus loin quel puissant intérêt au contraire ils ont à cumuler les fonctions de comptable avec celles dont ils sont déjà investis.

Mais n'anticipons pas ; nous disions que le comptable était chargé de recouvrer toutes les créances ; c'est lui en effet qui désormais aura à percevoir : 1° Les droits fixés par le tarif en faveur de la fabrique ; 2° les oblations faites à la fabrique, les quêtes, les produits des troncs ; 3° le loyer des bancs ; 4° le prix des baux à ferme ; 5° le produit des rentes ; 6° les droits sur les inhumations ; 7° et *généralement tous les fonds qui, à quelque titre que ce soit, appartiennent à la fabrique*; soins qui incombaient autrefois au trésorier seul.

La nouvelle loi met toutefois un tempérament à cette règle, en décidant, *dans son article 3*, que les oblations et les droits perçus à l'occasion des cérémonies du culte, conformément aux tarifs légalement approuvés, *pourront* être reçus par le curé ou desservant, ou par l'ecclésiastique par lui délégué.

Mais ce n'est qu'une simple tolérance, une simple faculté accordée au curé ou desservant ; la loi dit seulement en effet : « *pourront être perçus.* »

Et cependant, il ne faut pas s'y tromper, si l'Etat veut bien accorder quelques licences au curé dans son église, il s'empresse aussitôt de lui faire comprendre qu'il le tient sous la main et que rien ne peut lui échapper.

Voyez plutôt ce que l'article 3 ajoute : « Le curé peut percevoir certains droits, mais il ne peut le faire que moyennant la délivrance d'une quittance aux parties, et cette quittance devra être détachée d'un registre à souches dont le talon restera et passera sous les yeux de l'État. »

Et la tenue de ce registre n'est que la première charge imposée au curé ; l'argent qu'il aura ainsi reçu, il devra non pas une ou deux fois chaque année, mais *tous les mois et même plus souvent*, le verser aux mains du comptable. Il sera même obligé, à chaque versement, de dresser un état des sommes versées et de le faire approuver par le président du bureau des marguilliers.

Il est donc aisé de voir par les lignes qui précèdent que c'est le comptable qui, en définitive, est le seul chargé de percevoir.

C'est ainsi que nous le verrons chaque mois au moins encaisser le produit des quêtes faites au profit de la fabrique ; et tous ces versements lui seront faits sur le vu d'états certifiés par le président du bureau.

Il est même un point à noter, en ce qui concerne les quêtes, c'est que les états de versements devront constater, *immédiatement après chaque quête*, la *reconnaissance des fonds* et contenir la *signature des quêteurs*.

Il n'en était pas ainsi sous l'ancien décret, qui exigeait seulement que les quêtes fussent inscrites avec la date du jour et du mois sur un registre qui demeurait entre les mains du trésorier ; si le travail même était trop minutieux on se contentait de déposer l'argent dans un tronc, et l'on profitait du jour où le bureau s'assemblait pour inscrire ces sommes sur le registre.

Et ce que nous venons de dire au sujet des recettes s'applique aussi aux dépenses.

Le trésorier pourra en effet, si les fonctions de comptable sont remplies par un receveur spécial ou un percepteur, être chargé de payer, au moyen d'avances mises à sa disposition, sur mandats du président du bureau, les menues dépenses de la célébration du culte; mais il ne le fera qu'à titre de régisseur seulement. Il sera tenu de rapporter, dans le mois, au comptable, les acquits des créanciers réels et les pièces justificatives.

Il pourra aussi, mais toujours comme intermédiaire, être chargé de payer sur émargements les traitements et salaires des vicaires, prêtres attachés, officiers et serviteurs de l'Eglise.

Il ne sera en réalité que le subordonné, l'employé du comptable.

Nous connaissons maintenant ce qu'il faut entendre par comptable des fabriques; c'est un caissier ayant pour mission de centraliser toutes les sommes perçues par la fabrique et d'en solder les dépenses, soit directement, soit avec l'aide d'intermédiaires.

§ 2. — *Quelles personnes peuvent être comptables? Par qui sont nommés ceux-ci?*

En principe, nous dit l'article 5 du décret du 27 mars 1893, les fonctions de comptable de la fabrique sont remplies par le trésorier de ces établissements, tel qu'il est institué par le décret du 30 décembre 1809. A son défaut, elles peuvent être confiées à une personne choisie en dehors du conseil, et qui prend alors le titre de *receveur spécial*.

Ce mot de receveur spécial confirme donc ce que nous disions plus haut, c'est que le comptable de la fabrique, nous ne parlons ici que du percepteur ou du receveur spécial, n'est qu'un caissier qui devra rester étranger à toutes les autres attributions du trésorier.

Enfin quand le trésorier ou le receveur spécial refusent de remplir cette charge, le percepteur est désigné pour les remplacer.

Ainsi trois personnes sont aptes à remplir les fonctions de comptable : le marguillier-trésorier du décret de 1809, qui alors joint cette nouvelle fonction à ses anciennes attributions, le receveur spécial et le percepteur.

Mais remarquons ici que, quelle que soit la personne chargée de ce rôle, les comptables des fabriques sont, dans tous les cas, soumis à la vérification de l'inspection générale des finances.

Une distinction est néanmoins à faire en ce qui concerne le percepteur, c'est que sa gestion est placée sous la surveillance immédiate et la responsabilité du receveur des finances de l'arrondissement.

C'est au conseil de fabrique qu'il appartient de nommer son trésorier et son receveur spécial.

Dans le cas de refus du trésorier et du receveur spécial, c'est le préfet, de concert avec le trésorier-payeur-général, qui est chargé d'assurer la remise du service au percepteur des contributions directes.

A cet effet, nous dit l'article 9 dans son second paragraphe, et pour l'exécution de cette disposition, l'évêque du diocèse doit chaque année, *avant le 1er octobre*, dresser un état nominatif des trésoriers-receveurs et des receveurs spéciaux appelés à assurer la gestion des deniers des fabriques pendant l'année suivante ; cet état est remis par l'évêque au préfet qui fait alors appel au concours des percepteurs, pour toutes les fabriques non portées sur l'état.

Il est bon toutefois de faire ici une remarque ; c'est bien le préfet qui nomme le percepteur chargé de remplir les fonctions de comptable, mais il ne le nomme que pour les paroisses faisant partie d'un simple canton ou d'une ville ne possédant qu'un seul percepteur. Car s'il s'agit des fabriques d'une ville divisée en plusieurs arrondissements de perception, c'est le ministre des finances lui-même qui désigne le percepteur.

En résumé, c'est au conseil de fabrique qu'il appartient de nommer soit son trésorier, soit un receveur spécial ; c'est au préfet ou au ministre des Finances que revient le soin de choisir le percepteur.

Mais il n'en est pas moins vrai que les conseils de fabrique ont seuls, en définitive, et *ceci est très important*, le droit de contrôle sur le choix de leur comptable.

Ils ont tout pouvoir pour décider, et ils peuvent *toujours* le faire, que la gestion de leurs deniers, qui se trouvait confiée à un percepteur, sera remise à un receveur spécial. Ils peuvent même décider que la gestion qui serait confiée à un receveur spécial ou à un percepteur sera remise au marguillier-trésorier.

Ils peuvent prendre, dans ce but, telles délibérations qu'il leur plaira, mais ces délibérations ne seront exécutoires qu'en fin d'année ou de gestion.

C'est-à-dire que le comptable devra être nommé chaque année avant le 1er octobre, soit que l'on conserve celui de l'année en cours, soit qu'on le remplace ; et le comptable ainsi nommé devra conserver ses fonctions et ne pourra en être relevé pendant le cours de l'année de gestion pour laquelle il a été nommé, sauf certains cas de force majeure dont nous allons nous occuper.

Ce sont ceux, par exemple, où en cours de gestion, le trésorier ou receveur spécial serait régulièrement constitué en déficit ou déclaré en état de faillite ou de liquidation judiciaire.

En pareil cas, il peut être relevé de ses fonctions par le conseil de fabrique, et, à son défaut, par le ministre des Cultes.

Il est encore certains cas, où le ministre des Cultes peut relever le comptable de ses fonctions ; ces cas sont énumérés dans l'article 7 *in fine*, et nous nous bornerons à les citer ici.

Ces cas sont : 1° une condamnation à une peine afflictive et infamante ; 2° une condamnation à une peine correctionnelle pour délits prévus par les articles 379 et 408 du Code pénal; 3° une condamnation à une peine correctionnelle d'emprisonnement; et 4°, s'il s'agit d'officiers publics ou ministériels, destitution par jugement ou révocation par mesure disciplinaire.

Une dernière observation nous reste à faire avant de terminer ce second paragraphe; elle se trouve contenue en entier dans l'article 8 du présent décret, qui décide en effet que l'article 18 du décret du 31 mai 1862, relatif à l'incomptabilité des fonctions de comptable avec l'exercice d'une profession, d'un commerce ou d'une industrie quelconque, n'est pas applicable aux trésoriers et aux receveurs spéciaux des fabriques.

§ 3. — *Quelles distinctions faut-il établir suivant les personnes chargées des fonctions de comptable ?*

Dans ce paragraphe troisième, nous nous proposons d'examiner les différentes distinctions à établir suivant que les fonctions du comptable sont remplies par le marguillier-trésorier, le receveur spécial ou le percepteur.

Nous ne saurions trop attirer l'attention de MM. les curés et de MM. les marguilliers sur l'importance de ce paragraphe. L'étude de cette partie de notre travail leur fera comprendre la nécessité qui s'impose de confier au *marguillier-trésorier* les fonctions de comptable, afin de rendre moins lourde et moins immédiate la main-mise de l'Etat. Car il ne faut pas oublier que le percepteur est un agent salarié du gouvernement; et par cette seule raison, titres et deniers de la fabrique tombant dans la caisse du percepteur, tombent par là-même immédiatement dans celle de l'Etat.

Voyons en effet ce qui se passe quand le percepteur est le comptable de la fabrique. C'est à lui que sont remis, par l'intermédiaire de l'évêque, du préfet et du receveur des finances, *les titres de recettes, les budgets, les chapitres additionnels et les autorisations spéciales de dépenses;* c'est à lui que sont remis *tous les fonds et valeurs* de la fabrique.

Et ici se place une remarque de la plus haute importance : Sous l'empire du décret de 1809, chaque fabrique devait, aux termes de l'article 50 dudit décret, avoir une caisse ou une armoire fermant à trois clefs dont l'une restait dans les mains du trésorier, l'autre dans celles du curé ou desservant, et la troisième dans celles du président du bureau.

D'après l'article 51 du même décret, cette caisse était destinée à recevoir tous les deniers appartenant à la fabrique et les clefs des troncs des églises.

Donc les plus grandes précautions étaient prises pour assurer la conservation intacte des fonds de la fabrique, sans qu'il pût y avoir la moindre malversation. En effet, ces sommes une fois déposées dans la caisse n'en pouvaient plus sortir qu'avec une autorisation du bureau, et un récépissé de ces sommes restait déposé dans la caisse comme pièce justificative.

Dans cette armoire ou caisse fermée comme nous l'avons vu plus haut, étaient aussi déposés les papiers, titres et documents concernant les revenus et affaires de la fabrique et notamment les comptes avec les pièces justificatives.

Aujourd'hui tout est remis au percepteur, sans qu'il y ait lieu à l'application des articles 50 et 51 dont nous venons de parler.

Le percepteur renferme le tout dans sa caisse, *dont il a seul la disposition.* Le receveur spécial jouit aussi de la même prérogative.

Une seule exception a lieu pour les troncs qui doivent désormais être fermés par deux serrures ; l'une des clefs demeure entre les mains du président du bureau, l'autre entre les mains du percepteur ; il en est de même quand le comptable est un receveur spécial.

Au contraire, si les fonctions sont remplies par un marguillier-trésorier, il n'est pas dérogé aux dispositions des articles 50 et 51 ci-dessus.

L'article 14 du décret de 1893 présente de son côté un grave inconvénient et tout spécialement préjudiciable à l'intérêt pécuniaire des fabriques.

Cet article porte en effet que lorsque les fonctions de comptable sont remplies par un percepteur, cet agent a droit à des remises calculées d'après les recettes ordinaires et extraordinaires réalisées pendant l'exercice et sur les bases suivantes :

Sur les premiers 5,000 fr. .... 4 » %
Sur les 25,000 fr. suivants. .... 3 » %
Sur les 70,000 fr. suivants. .... 1.50 %
Sur les 100,000 fr. suivants jusqu'à un million. 0.66 %
Au-delà d'un million. .... 0.21 %

Le simple examen de ce petit tableau fait comprendre de suite dans quelles proportions serait encore grevé, en pure perte, le budget des fabriques.

Que l'on songe en effet qu'une fabrique qui, dans l'année, aura pu percevoir 30,000 fr., nous prenons ce chiffre pour base, aura à distraire de sa caisse, pour le traitement de l'agent du fisc, une somme de 950 fr.

Les conseils de fabrique ont un excellent moyen de parer à cet inconvénient et d'éviter cette nouvelle charge pour leur budget : c'est de choisir comme comptable leur marguillier-trésorier qui, comme sous l'ancien décret, se fera un devoir de considérer comme purement honorifiques les fonctions qu'on lui confie.

Le receveur spécial, lui non plus, ne peut exiger de remises ; le conseil de fabrique seul sera libre de lui donner, s'il le juge convenable, une rémunération, mais qui, dans tous cas, ne pourra dépasser celle à laquelle aurait droit un percepteur.

Une autre différence existe encore entre les trésoriers et les percepteurs et les receveurs spéciaux.

Alors que le trésorier est dispensé du cautionnement, les receveurs spéciaux et les percepteurs sont astreints à fournir des cautionnements en numéraire ou en rentes sur l'Etat, fixés à trois fois le montant des émoluments prévus pour les percepteurs.

L'article 15 ajoute que le cautionnement du receveur spécial ne pourra être inférieur à 100 fr.

Le même article ajoute que lorsqu'un percepteur remplit les fonctions de comptable pour une ou plusieurs fabriques, il n'est astreint à ce titre à un supplément de cautionnement que si ce supplément dépasse 1,000 fr.

En rapprochant ce dernier paragraphe du paragraphe 2 de l'art. 5, nous voyons encore une distinction s'élever entre le percepteur et le receveur spécial. Ce dernier, en effet, ne peut gérer que les services de fabriques appartenant au même canton.

Notons encore que le cautionnement versé au Trésor par le percepteur en qualité de comptable des deniers de l'Etat, des communes et des établissements de bienfaisance, répond subsidiairement de sa gestion des deniers de la fabrique.

Enfin, les trésoriers-marguilliers et les receveurs spéciaux sont obligés de prêter, devant les conseils de fabrique, le serment professionnel des comptables publics ; les percepteurs, au contraire, ne sont pas astreints à ce serment.

Nous en avons fini avec les distinctions à établir entre les différents comptables.

Il nous reste à examiner brièvement, pour terminer la première partie de ce travail, à quelles obligations sont soumis les comptables.

§ 4. — *A quelles obligations sont soumis les comptables ?*

Nous venons de voir, dans le paragraphe précédent, l'obligation pour les percepteurs et les receveurs spéciaux de verser un cautionnement pour répondre de leur gestion.

D'un autre côté, nous avons vu les trésoriers et les receveurs spéciaux soumis à l'obligation du serment.

Le décret de 1893 nous indique encore, dans son article premier, que les comptables des deniers des fabriques sont soumis aux mêmes obligations que ceux des deniers des hospices et des bureaux de bienfaisance.

Ils auront donc à consulter sur ce point les règlements qui régissent l'administration de ces établissements ; ils devront en particulier étudier avec soin les règlements prévus par l'arrêté consulaire du 19 vendémiaire an XII relatif au recouvrement des revenus et à la conservation des droits.

En comparant ces règlements aux règles que nous avons étudiées dans ce court travail, ils pourront facilement se rendre compte, d'une façon certaine, de la tâche qui leur est imposée.

Il nous reste une observation à mentionner sur l'article 17 du décret de 1893, relatif à l'hypothèque légale à inscrire sur les biens des comptables.

Cet article a pu, à première vue, effrayer les trésoriers des fabriques, à l'idée de voir cette hypothèque frapper leurs biens présents et à venir.

Il n'en est rien cependant et il suffit d'en étudier les termes pour se convaincre qu'il n'a pas la portée que l'on veut lui donner.

Cette hypothèque, en effet, ne doit être inscrite que *dans des cas très rares* et qui sont énumérés très clairement dans le même article 17 *in fine*. Il faut, pour mériter cette punition, que les comptables se soient livrés à des gestions occultes, qu'ils aient subi des condamnations pour retards dans la présentation de leurs comptes, qu'ils aient commis des malversations.

Encore faut-il que cette inscription soit autorisée par une décision du juge de leurs comptes.

Il n'y a donc rien là qui puisse effrayer les trésoriers des fabriques et les empêcher de remplir les fonctions de comptable.

Les faits, en effet, qui peuvent entrainer cette peine, sont d'une gravité exceptionnelle et ne peuvent être commis que par des individus de mauvaise foi, des gens indignes de toute confiance et pour lesquels l'honnêteté est un vain mot.

Mais le trésorier qui remplit consciencieusement son devoir n'a nullement à craindre les effets de cet article 17 ; ce n'est pas lui que vise cet article.

Notre but, dans la première partie de ce travail, est de bien faire comprendre aux conseils de fabrique toute l'importance pour eux de conserver leur trésorier comme comptable et d'éviter l'immixtion d'un agent du gouvernement.

Et d'ailleurs, le gouvernement avait-il le droit de faire intervenir le percepteur dans le maniement des deniers fabriciens ?

« Les recherches faites sans parti-pris, nous dit un éminent jurisconsulte, conduisent à cette conviction que le gouvernement a outrepassé ses pouvoirs et édicté une règle dépourvue de valeur légale.

Nous ne pouvons mieux faire que de citer ici comme conclusion quelques extraits de sa remarquable étude sur la comptabilité des fabriques.

L'éminent jurisconsulte rappelle le texte, que nous avons déjà donné plus haut, de l'article 78 de la loi du 26 janvier 1892, et il ajoute :

« Les règles de la comptabilité ! Voilà l'objet précis de la réforme législative et réglementaire concernant les fabriques.

» La question, l'unique question est donc de savoir si le mode de nomination du comptable est une règle de la comptabilité publique.

» Quand le gouvernement déclare que le percepteur sera comptable de la fabrique, à défaut du trésorier et d'un receveur spécial, il édicte et il exerce en même temps un droit de nomination. Il faut donc être fixé sur ce point capital : le choix du comptable est-il une règle de la comptabilité publique ?

» Non, évidemment non. C'est une règle d'organisation administrative, ce n'est pas une règle de comptabilité publique.

» Une règle de comptabilité publique, c'est la distinction de l'exercice et de la gestion.

» Une règle de comptabilité publique, c'est la séparation des fonctions d'ordonnateur et de comptable.

» Une règle de comptabilité publique, c'est l'obligation pour les comptables de soumettre leurs comptes au jugement des conseils de préfecture et de la Cour des comptes.

» Ces règles et autres analogues sont indépendantes du choix du comptable. Elles s'appliquent au comptable, mais elles ne le créent point ; elles le trouvent parmi les organes de l'établissement public et elles le soumettent à des obligations multiples qui garantissent la régularité et la fidélité de sa gestion.

. . . .

» D'ores et déjà on peut tenir pour certain qu'en déterminant les conditions d'application des règles de la comptabilité aux fabriques, le décret du 27 mars 1893 n'avait pas à s'occuper du choix des comptables de fabriques. Les dispositions sur ce point n'ont pas de base dans le texte de la loi.

Mais il importe d'ajouter qu'elles sont en opposition formelle avec l'esprit de la loi révélé par les travaux préparatoires.

. . . .

» Écoutons le promoteur de la réforme, M. César Duval, disant, le 15 décembre 1891, à la Chambre des députés : « Je ne propose *aucune modification dans le fonctionnement des conseils de fabriques.* Je demande simplement *que les trésoriers exercent leurs fonctions* d'une manière régulière, qu'ils tiennent une comptabilité que l'on puisse contrôler, ce qui, actuellement, n'est pas possible ; enfin, que l'on sache à quoi s'en tenir sur les ressources des fabriques et consistoires et sur l'emploi qu'on en fait. »

Les déclarations de M. Fallières, garde des sceaux, ministre de la justice et des cultes, faites au Sénat dans la séance du 9 janvier 1892, ne sont pas moins précises :

« L'honorable M. Lucien Brun semble croire que si cet article venait à être voté, la législation de 1809 sur les fabriques serait profondément modifiée. — *Il n'en est rien et si cette conséquence était possible, je me joindrais à lui pour demander le rejet de la disposition. Ce n'est pas en effet par voie de prétérition qu'on peut abroger les dispositions formelles de la loi de 1809.*

» ..... L'article qui est en discussion vise simplement l'apurement des comptes.

. . . .

» Qui ne voit la gravité de l'atteinte portée au décret fondamental de 1809, au mépris de la loi de 1892 et des promesses de ses auteurs ? Mais qui ne voit aussi, dans cette main-mise de l'autorité civile sur le maniement des deniers des fabriques, une illégalité flagrante ?

» On prétendra sans doute que le refus du trésorier-marguillier suffit à justifier l'intervention du percepteur.

» Autant vaudrait dire que le refus par un conseil municipal de remplir ses fonctions donne au conseil de fabrique le droit de prendre sa place ! »

DEUXIÈME PARTIE

Budgets et comptes des Fabriques paroissiales.

Une circulaire ministérielle, en date du 21 novembre 1879, avait déjà donné une formule de budget destinée à amener dans la comptabilité des fabriques une régularité et surtout une uniformité plus grandes.

La loi du 26 janvier 1892, en soumettant la comptabilité des fabriques aux règles générales de la comptabilité publique, a donné lieu à certaines innovations.

Notons en commençant que le budget de 1894 est le premier soumis au décret du 27 mars 1893 ; de même le compte qui sera rendu pour l'exécution de ce budget sera le premier auquel les nouvelles dispositions seront applicables.

L'exécution n'en commencera que le 1er janvier 1894 et le compte de cet exercice ne devra être rendu qu'à la session de Quasimodo 1895.

La première innovation apportée par le décret de 1893 nous est indiquée dans l'article 18 dudit décret.

La formule de 1879 comprenait deux titres : le premier de ces titres était consacré aux recettes ; il se subdivisait en deux chapitres, celui des recettes ordinaires et celui des recettes extraordinaires.

Le second titre se divisait en quatre chapitres portant les noms suivants :

Chapitre 1er. — *Dépenses ordinaires obligatoires.*
Chapitre 2e. — *Dépenses ordinaires facultatives.*
Chapitre 3e. — *Dépenses extraordinaires obligatoires.*
Chapitre 4e. — *Dépenses extraordinaires facultatives.*

Aujourd'hui, toutes ces divisions et subdivisions n'existent plus ; nous avons seulement :

1º Le budget ordinaire, comprenant les recettes et les dépenses ordinaires ;

2º Le budget extraordinaire, comprenant les recettes et les dépenses extraordinaires.

Examinons donc en quoi les recettes et dépenses ordinaires et extraordinaires diffèrent de celles prévues autrefois au modèle de 1879.

§ 1er. — *Recettes du budget ordinaire.*

Ces recettes sont, à part les quelques modifications ci-après, celles qui étaient portées au chapitre 1er du modèle de 1879. Ainsi l'article 6 (produit des rentes) est remplacé par celui-ci : « Produit des rentes cédées au Domaine, dont la fabrique a été mise en possession. »

A l'article 4 (produits des rentes et fondations) l'on a ajouté ces mots : « Dont l'acceptation a été régulièrement autorisée depuis le 7 thermidor an XI. » (Décret ou arrêté préfectoral).

Notons encore l'addition d'un nouvel article intitulé : « Autres recettes » qui permet d'inscrire toutes les ressources autres que celles indiquées d'une façon spéciale et qui peuvent, à un moment donné, concourir à l'équilibre du budget ordinaire.

Rappelons pour mémoire que la loi municipale du 5 avril 1884 a abrogé l'article 36 nº 4 du décret de 1809, qui comprenait parmi les revenus des fabriques « le produit spontané des terrains servant de cimetières. »

Ce produit figure maintenant au nombre des recettes ordinaires des communes.

§ 2°. — *Dépenses du budget ordinaire.*

Ces dépenses, d'après les anciens règlements, étaient divisées en dépenses ordinaires obligatoires et en dépenses ordinaires facultatives.

Les premières comprenaient les dépenses permanentes auxquelles les fabriques devaient employer en premier lieu leurs ressources, mais qui, en cas d'insuffisance de celles-ci, tombaient à la charge des communes. C'étaient : 1° les objets de consommation pour les frais ordinaires du culte, tels que le pain, le vin, la cire, l'huile, l'encens, l'éclairage ; 2° les frais d'entretien du mobilier, blanchissage des linges, ornements, meubles, ustensiles d'églises ; 3° les gages des officiers et serviteurs de l'église : sacristain, chantres, organiste, sonneur, suisse, bedeau ; 4° les frais de réparations locatives : à l'église, à la sacristie, au presbytère ; 5° le traitement des vicaires régulièrement institués ; et 6° le logement du desservant.

Les secondes comprenaient les dépenses prélevées sur les revenus correspondants ou sur les ressources disponibles après balance de toutes les dépenses ordinaires et extraordinaires tels que : 1° les charges de fondations ; 2° les charges des biens ; 3° les frais d'administration ; 4° le sixième du produit de la location des bancs et chaises pour former un fonds aux prêtres âgés et infirmes ; 5° les honoraires des prédicateurs ; 6° les indemnités ; 7° les dépenses imprévues.

Le règlement actuel réunit en un seul groupe toutes ces diverses dépenses du budget ordinaire. Les chapitres 1 et 2 du modèle de 1879 ne forment plus qu'un seul chapitre, et la raison que l'on donne de cette modification est la suivante :

Autrefois, les communes pouvaient être obligées de couvrir l'insuffisance des ressources des fabriques pour *toutes* les dépenses du culte, et l'on avait cru devoir faire une catégorie à part des quelques dépenses qui, en raison de leur caractère spécial, ne pouvaient pas cependant être imposées aux conseils municipaux.

Mais depuis la loi du 5 avril 1884, les communes n'étant plus astreintes à couvrir l'insuffisance des ressources de la fabrique que dans deux cas déterminés, savoir : 1° l'indemnité de logement du curé ou desservant (quand il n'y a pas de presbytère) ; et 2° les grosses réparations aux églises et aux presbytères (quand ces édifices sont la propriété de la commune), il a paru inutile de conserver cette division.

Une autre différence existe encore ; en prévision du cas où le comptable ne serait pas le trésorier de 1809, l'on a ajouté un article spécial qui a trait au traitement de ce comptable.

Enfin, l'on a prévu les annuités d'emprunts régulièrement autorisés par décret en Conseil d'Etat. Les emprunts des fabriques, en effet, diffèrent des emprunts des autres établissements publics en ce que les premiers ne sont gagés que sur les ressources ordinaires ; il s'ensuit que le remboursement doit avoir lieu en annuités, aux dépens du budget ordinaire.

A part ces exceptions, les dépenses du modèle de 1879 sont les mêmes que celles prévues par le règlement actuel.

§ 3ᵉ. — *Recettes du budget extraordinaire.*

Les recettes de ce budget sont les mêmes que celles mentionnées dans l'ancienne formule.

Toutefois nous devons remarquer la suppression de l'article 1ᵉʳ, « *subvention accordée par l'Etat,* » article devenu inutile, aucun crédit n'étant plus inscrit au budget de l'Etat pour subvention aux fabriques.

Notons encore que le budget extraordinaire, aux termes du nouveau règlement, comprend la recette et l'emploi des capitaux provenant de dons et legs, d'emprunts, d'aliénations, de coupes extraordinaires de bois et de toutes autres ressources exceptionnelles.

§ 4ᵉ. — *Dépenses du budget extraordinaire.*

Ce que nous avons dit des dépenses du budget ordinaire s'applique aussi à celles du budget extraordinaire. Les deux chapitres 3 et 4 de la formule de 1879 comprenant, d'une part, les dépenses extraordinaires obligatoires, et d'autre part, les dépenses extraordinaires facultatives, sont aujourd'hui réunis en un seul ; ces dépenses, du reste, n'ont pas changé. Toutefois, l'article 1ᵉʳ du chapitre 4 concernant « l'achat des vases sacrés, linge et meubles de luxe » n'existe plus dans le nouveau modèle. Enfin, d'après le règlement actuel, un nouvel article prévoit les dépenses exceptionnelles autres que celles mentionnées d'une façon spéciale.

Chacun de ces deux budgets se termine par une récapitulation des recettes et des dépenses.

L'ensemble des opérations fait l'objet d'un tableau récapitulatif des recettes et des dépenses, tant du budget ordinaire que du budget extraordinaire, et donnant ainsi la balance générale.

Une dernière remarque reste à faire pour terminer l'examen de la forme du budget ; nous voulons parler de la dernière colonne du tableau portant la rubrique *renseignements et observations.*

Ces renseignements prévus par les articles 83 et 84 du décret de 1809 sont relatifs aux autorisations administratives concernant les diverses recettes et dépenses.

Les budgets des fabriques devant être désormais placés sous les yeux des conseils de préfecture et de la Cour des comptes, il ne devra y être fait mention d'aucune acquisition, d'aucune aliénation, d'aucun emprunt, sans, qu'en regard, soit indiquée l'autorisation leur donnant le caractère légal.

C'est à la session de Quasimodo que le budget et les chapitres additionnels correspondant à l'exercice en cours devront être votés.

C'est aussi à cette session que les conseils de fabrique devront délibérer sur les comptes de l'ordonnateur et du comptable; et cette délibération devra avoir lieu avant le vote du budget.

Donc trois choses importantes feront l'objet de la session de Quasimodo :

1º La délibération du conseil sur les comptes de l'ordonnateur et du comptable;

2º Le vote du budget;

3º Le vote des chapitres additionnels.

Mais, dira-t-on, jusqu'ici il n'a été question que des comptes à rendre par le comptable; que vient faire l'ordonnateur, quel est son rôle, et comment le conseil a-t-il à vérifier ses comptes? C'est donc encore un élément nouveau apporté dans sa composition?

Le décret du 27 mars 1893 est en effet absolument muet sur le rôle de l'ordonnateur.

Après s'être longuement étendu sur les attributions du comptable, il se borne à dire pour la première fois dans son article 24, qui est l'un des derniers : « *Les comptes des ordonnateurs*.................................... etc. »

Plus loin, dans son article 25, il ajoute : « Le conseil de
» fabrique délibère, dans sa session de Quasimodo, *sur les*
» *comptes des ordonnateurs*...................... etc. »

Et plus loin encore, dans le même article, *in fine* : « L'approbation par le conseil *du compte de l'ordonnateur*.. etc. »

Des fonctions de l'ordonnateur, du choix de ce dernier, pas un mot ; il le nomme et voilà tout.

Cette lacune est regrettable et de nature à amener bien des indécisions dans les conseils de fabrique.

Qu'est-ce donc, en définitive, qu'un ordonnateur ?

D'une façon générale et d'après la définition qu'en ont donnée plusieurs auteurs, l'ordonnateur est celui qui ordonnance des paiements.

C'est en un mot la personne qui, dans une administration quelle qu'elle soit, a le pouvoir de donner l'ordre ou le mandement de payer en apposant sa signature au bas du mandat.

Ainsi et pour n'en citer qu'un seul exemple, le ministre est l'ordonnateur des dépenses de son département.

L'ordonnateur des fabriques est donc celui qui est chargé de mandater et d'approuver les dépenses qui devront être acquittées par le comptable.

Sa juridiction même est plus étendue que celle de tout autre ordonnateur. Car non seulement il vise les mandats de paiement, mais encore les états constatant les encaissements faits pour le compte de la fabrique.

Nous verrons tout à l'heure quels sont ces différents mandats.

Mais auparavant, une question importante se pose.

Qui doit, dans un conseil de fabrique, remplir les fonctions d'ordonnateur ?

Un point constant c'est que l'ordonnateur n'est pas, comme le comptable, un élément nouveau dans les conseils de fabrique.

Il est pris au sein même du conseil ; cette fonction est dévolue à l'un de ses membres.

Quel est celui de ses membres qui doit être chargé de cette attribution ? C'est ce que nous allons examiner.

Cette question a déjà soulevé des controverses.

Dans l'*Univers* on a prétendu entr'autres, à tort selon nous, que cette charge devait incomber au curé ou desservant ; qu'en effet l'examen des menues dépenses du culte et toutes les formalités imposées désormais aux recettes et aux dépenses demanderaient un travail tellement minutieux que sur les 37,000 paroisses de France la moitié à peine pourrait trouver un comptable et un ordonnateur compétents.

Dans ce raisonnement il y a quelque chose de spécieux qui peut tromper au premier abord.

Mais en y réfléchissant un peu, il est facile de voir que l'on a confondu le principe lui-même avec une simple question de détail.

Il ne s'agit pas de savoir si telle ou telle fonction est plus ou moins difficile ; ce qu'il faut rechercher avant tout, c'est le sens de la loi.

Or il nous semble que la personne à laquelle elle entend confier le rôle d'ordonnateur est clairement désignée, quoique implicitement, dans le décret lui-même du 27 mars 1893.

C'est le président du bureau des marguilliers et lui seul.

Que l'on se rappelle en effet la définition que nous en avons donnée plus haut. C'est, avons-nous dit, la personne chargée de mandater, de viser les états de paiement et d'encaissement.

Que voyons-nous dans le décret du 27 mars 1893 ?

Dans son article 2, il nous dit : « Le comptable acquittera le dépenses *mandatées par le Président du bureau des marguilliers.* »

Dans l'article 3 nous voyons le curé ou desservant obligé de faire approuver par le *Président du bureau des marguilliers* l'état constatant ses versements de chaque mois ou plus souvent au comptable.

Cet article à lui seul condamne le système que nous combattons.

Un principe reconnu, c'est que l'on ne peut être à la fois juge et partie.

Or, dans le cas de l'article 3, le curé ou desservant que l'on chargerait du rôle d'ordonnateur deviendrait son propre juge ; ce qui est absolument inadmissible.

Veut-on d'autres exemples ?

Nous remarquerons, en continuant la lecture du décret, que les états constatant la reconnaissance des fonds provenant des quêtes et ceux constatant les produits de location des bancs, doivent être certifiés sincères et véritables, toujours par le *Président du bureau des marguilliers*.

Plus loin, c'est l'article 4 qui nous dit que le trésorier, chargé à titre de régisseur de payer les menues dépenses du culte, ne peut le faire que sur mandats du *Président du bureau*.

D'après tous les exemples que nous venons de citer, il ne peut donc plus y avoir le moindre doute à ce sujet.

Les recettes et dépenses, actuellement, sont les mêmes que sous l'ancien décret. L'on parvenait bien, sous le décret de 1809, à établir les comptes du budget. Si aujourd'hui, comme l'*Univers* le prétend, l'on ne peut pas trouver un ordonnateur ou un comptable capable de faire ce qui se faisait autrefois, alors pourquoi avoir changé l'ancien état de choses ?

Serait-il même prudent d'assigner le rôle d'ordonnateur au desservant ?

L'*Univers* va en effet plus loin, et dans son même numéro du mois d'août 1893 il dit : « La solution la plus pratique est
» d'assigner le rôle d'ordonnateur au desservant ; c'est même
» le seul moyen de sauvegarder sa dignité en présence de la
» nouvelle organisation de la comptabilité des fabriques ; *au-*
» *cune loi ni ordonnance ne s'opposent à cette nomination et*
» *l'intérêt des fabriques en fait presque un devoir.* »

Eh bien, même en admettant comme exacte la théorie qu'il soutient (nous avons amplement démontré qu'elle ne l'était pas), nous sommes encore obligé de répondre à l'*Univers* que la prudence seule doit empêcher d'assigner le rôle d'ordonnateur au curé ou desservant.

Sans aucun doute, nous devons chercher à atténuer, autant qu'il est en notre pouvoir, les funestes effets de cette loi qui, en définitive, n'est qu'une loi de vexation ; mais ce qu'il faut éviter avant tout, c'est que ces tempéraments que l'on veut apporter viennent ajouter de nouvelles complications à celles existant déjà. S'il en était ainsi, le remède serait alors pire que le mal.

Et nous ne sommes pas seuls de cet avis.

C'est aussi la thèse que soutient, dans la *Revue administrative du culte catholique*, l'éminent professeur de droit administratif aux Facultés catholiques de Lille, M. Grousseau, dont le zèle infatigable à défendre les intérêts de l'Eglise, et par cela même de la France, la Fille aînée de l'Eglise, vient de recevoir une insigne récompense.

M. Grousseau vient d'être nommé chevalier de Saint-Grégoire-le-Grand.

Et qu'il nous permette ici de joindre nos félicitations à à celles si nombreuses qu'il a déjà reçues.

Que voyons-nous en effet dans le numéro de décembre 1893 ? L'éminent professeur nous dit « que le ministre des cultes, consulté sur le point de savoir si les curés ou desservants peuvent exercer les fonctions de comptables et d'ordonnateurs des fabriques, a répondu, par des instructions spéciales, *que les nominations de curés ou desservants, en qualité de comptables ou d'ordonnateurs de fabriques, ne sauraient être acceptées.* »

M. Grousseau cite en entier les motifs sur lesquels s'appuie le ministre, et il termine en disant « qu'il serait imprudent de ne pas tenir compte de ces instructions. »

Cette question du choix de l'ordonnateur étant maintenant

entièrement étudiée, continuons l'étude des règles relatives à cette fonction : L'ordonnateur et le comptable ne devront jamais prendre part à la délibération et au vote sur leur compte.

Et quand le conseil approuvera le compte de l'ordonnateur, il devra déclarer qu'il n'existe à sa connaissance aucune recette de la fabrique autre que celles mentionnées au compte.

La durée des périodes complémentaires, ajoute l'article 20, s'étendra jusqu'au 1er mars pour l'ordonnancement et jusqu'au 15 mars pour le recouvrement et le paiement.

L'article 21 apporte une modification importante à l'ancien règlement, modification qui enlève complètement aux fabriques la surveillance et la libre administration de leurs capitaux. Aux termes de cet article, en effet, les fonds libres des fabriques devront être versés en compte-courant au Trésor public, et ils seront productifs d'intérêts, dans les mêmes conditions que les fonds des établissements de bienfaisance.

L'article 22 a trait à l'insaisissabilité des sommes dues aux fabriques, et il suffit de se reporter au texte même de cet article pour en saisir le sens.

En ce qui concerne les oppositions qui peuvent être faites sur les sommes dues par les fabriques, l'article 23 nous indique que c'est toujours entre les mains du trésorier de 1809 qu'elles doivent être formées.

Le trésorier doit alors remplir deux formalités : 1° viser l'original de l'exploit et 2° déclarer dans sa responsabilité s'il est comptable de fabrique ou si ces fonctions sont confiées à un autre agent. Dans ce dernier cas, il est tenu de le désigner, afin que les créanciers puissent lui signifier les oppositions par eux formées entre les mains du trésorier.

Remarquons en terminant que les comptes des ordonnateurs et des comptables seront présentés dans la même forme que ceux des établissements de bienfaisance ; enfin les comptes des comptables, aux termes de l'article 26, seront jugés et apurés par les Conseils de préfecture ou par la Cour des comptes, selon les distinctions applicables aux comptes des établissements de bienfaisance.

Les chapitres 3, 4 et 5 du présent décret contiennent quelques dispositions générales et transitoires sur lesquelles il semble inutile de s'appesantir.

Le point important pour les conseils de fabrique était de connaître les divers changements survenus par la création du comptable et les modifications apportées dans la forme du budget. Tel est aussi le but que nous avons poursuivi dans cette courte étude.

Un mot nous reste à dire toutefois de la longue instruction sur la comptabilité des fabriques, adressée le 15 décembre 1893 à Nosseigneurs les Évêques.

L'article unique de la loi du 26 janvier 1892, arraché pour ainsi dire par surprise aux Chambres, après une seule délibération et malgré les protestations énergiques de Mgr Freppel et de M. Lucien Brun, ne posait qu'un principe.

Bien malin à ce moment eût été celui qui aurait pu prévoir que ce simple article, noyé dans la discussion générale du budget, pût donner naissance à tout un nouveau Code.

Il fallait pourtant en tirer toutes les conséquences ; et alors que l'application de ce nouveau principe devait commencer le 1er janvier 1893, c'est seulement le 27 mars suivant, à quelques jours à peine de la session de Quasimodo, que paraissait le décret réglementant la comptabilité des fabriques.

Ce décret, comme la loi elle-même, fut rédigé à la hâte, et cependant la plupart des conseils de fabrique le reçurent trop tard pour pouvoir l'appliquer ; aussi dut-on en proroger la mise à exécution jusqu'au 1er janvier 1894.

Le gouvernement, s'apercevant alors des innombrables lacunes qui s'y étaient glissées, a voulu depuis l'expliquer et le commenter dans une interminable élucubration, plus confuse encore que le décret lui-même qu'elle devait éclaircir.

Et à quelle époque paraît ce fameux document ? C'est le 15 décembre 1893 seulement que Nosseigneurs les Evêques le reçoivent ; il leur faut le temps matériel pour en étudier les 52 articles qui forment tout un volume et dont chaque ligne, on peut le dire, contient une instruction spéciale. Il faut ensuite le faire parvenir aux paroisses ; il importe que les fabriques elles-mêmes puissent se rendre compte des obligations qui leur sont imposées ; qu'elles se procurent tous les registres, toutes les pièces de comptabilité, en nombre infini, exigées par la loi.

Et tout cela quelques jours, quelques heures avant la date de mise à exécution.

Qu'on ne vienne pas dire, après cela, que la loi du 26 janvier 1892 n'est pas une loi de pure vexation.

Ce que l'on cherche, c'est saper la religion par sa base ; l'on marche graduellement pour ne pas trop effrayer les esprits ; mais le but que l'on poursuit n'en est pas moins perfide.

Voyez plutôt :

L'on a commencé par expulser les religieux et fermer leurs chapelles ; ce sont ensuite les hôpitaux, les écoles que l'on laïcise ; plus tard, l'on supprime les traitements ; vient ensuite le trop célèbre droit d'accroissement qui frappe les communautés ; et, comme couronnement de l'œuvre, nous en arrivons à la main-mise de l'Etat sur les biens des fabriques.

Et quand un fait de cette importance se produit, l'on ne consulte même pas les Evêques sur une loi qui vise, au premier chef, la religion reconnue par l'Etat, la religion de la majorité des Français, alors qu'au contraire le conseil central des Eglises réformées et le Consistoire des Israélites sont admis à donner leur avis.

Eh bien, quoi que l'on dise, quoi que l'on fasse, que les catholiques ne se laissent pas abattre dans la lutte !

Les lois humaines et les hommes passent.

Mais seule la parole du Christ reste immuable.

Il y a dix-neuf siècles, Notre-Seigneur dit à Saint-Pierre, le premier chef de son Eglise : « Tu es Pierre et sur cette » pierre je bâtirai mon Eglise, et les portes de l'Enfer ne » prévaudront pas contre elle. »

Depuis dix-neuf siècles l'Eglise a lutté victorieusement contre toutes les attaques auxquelles elle a été en butte. Et aujourd'hui encore elle sortira triomphante de cette nouvelle épreuve.

C'est sur cette consolante pensée que nous aimons à terminer cette étude.

O. DE LA HAYE.

Avranches. — Imprimerie de Alfred Perrin. 1191

www.ingramcontent.com/pod-product-compliance
Lightning Source LLC
Chambersburg PA
CBHW060502050426
42451CB00009B/785